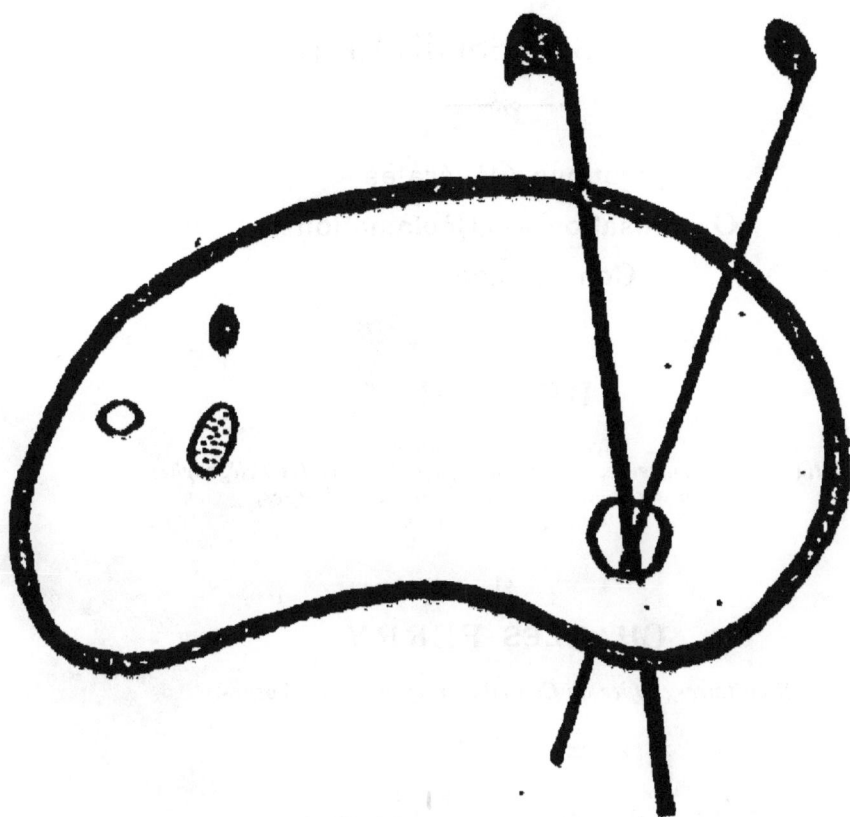

DEBUT D'UNE SERIE DE DOCUMENTS
EN COULEUR

CONTRIBUTIONS DIRECTES

ET

TAXES ASSIMILÉES

— ✳ —

Notions Générales
Organisation — Réclamations
Compétence, etc.

par

BOIVIN

Secrétaire particulier
du Ministre du Commerce, de l'Industrie, des Postes et des Télégraphes,
Ancien Conseiller de préfecture des Vosges,
Officier d'académie,

et

CHARLES FERRY

Secrétaire-greffier du Conseil de préfecture des Vosges.

~~~

Prix du volume : 1 fr. 15 franco.

———

ÉPINAL, IMPRIMERIE CH. HUGUENIN.
—
1896

PUBLICATIONS DES MÊMES AUTEURS

BOIVIN : La France au Canada, Grenoble 1888, Drevet éditeur.

BOIVIN : Commentaire de la loi du 17 juillet 1895 relative aux Contributions directes et aux taxes assimilées de l'exercice 1896 Paris 1895, Roy éditeur, 97, boulevard Saint-Michel (Bulletin commentaire des lois nouvelles.)

BOIVIN et Charles FERRY : Guide pratique à l'usage des membres des conseils de *fabrique* et principalement des trésoriers et des receveurs spéciaux (Exécution de la loi de finances de 1892 et du décret du 27 mars 1893) Epinal 1896. Ca. Huguenin éditeur

BOIVIN : Commentaire du décret du 1er février 1896, relatif à la procédure à suivre en matière de legs concernant les établissements publics ou reconnus d'utilité publique. Paris 1896. Roy, éditeur, 97, boulevard Saint-Michel, (Bulletin commentaire des lois nouvelles).

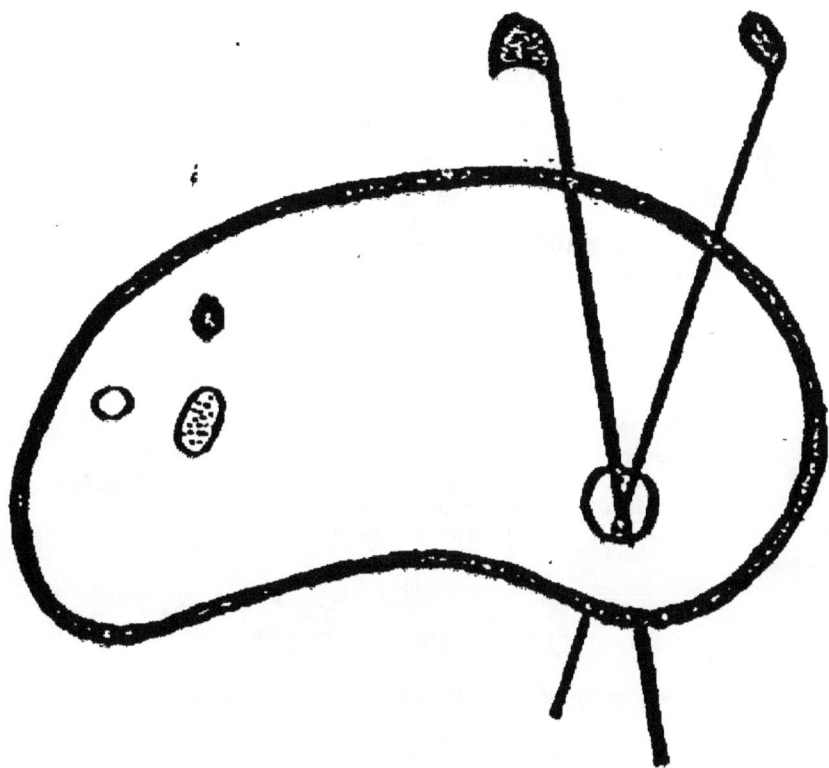

FIN D'UNE SERIE DE DOCUMENTS
EN COULEUR

CONTRIBUTIONS DIRECTES

ET

TAXES ASSIMILÉES

— ❋ —

Notions Générales

Organisation — Réclamations

Compétence, etc.

par

BOIVIN

*Secrétaire particulier
du Ministre du Commerce, de l'Industrie, des Postes et des Télégraphes,
Ancien Conseiller de préfecture des Vosges,
Officier d'académie,*

et

CHARLES FERRY

Secrétaire-greffier du Conseil de préfecture des Vosges.

Prix du volume : 1 fr. 15 franco.

—

ÉPINAL, IMPRIMERIE CH. HUGUENIN.

1896

—

DÉFINITIONS ET NOTIONS GÉNÉRALES

Avertissements.

Feuilles d'impositions envoyées *sans frais* aux contribuables par les percepteurs et contenant les principales indications ci-après :

Article du rôle (1) et date de sa publication.

Jours de recette.

Montant du centime-le-franc.

Montant des centimes additionnels s'ajoutant au principal de l'impôt direct.

Nom, adresse et résidence du percepteur.

Part revenant à l'État, au département et à la commune.

Centime-le-franc.

Le centime-le-franc est la somme à payer par unité d'élément de l'imposition ou de base de contribution.

Ainsi, pour la contribution foncière (2) des propriétés non bâties, si le revenu cadastral (3) imposé est de 138 fr. 47 par exemple, et le centime-le-franc de 0 fr. 48126, la quotité de l'impôt à payer est de 138 fr. 47 × 0 fr. 48126 ou 66 fr. 64.

Il en est de même pour toutes les autres contributions.

---

(1) Registre sur lequel sont inscrites par commune toutes les sommes dues par chaque contribuable.

(2) Voir page 10.

(3) Voir page 9.

Centime additionnel.

Le centime additionnel représente ce qui est ajouté au prin-cipal des contributions directes, soit pour accroître les recettes du Trésor, soit pour subvenir aux dépenses locales des départe-ments et des communes, soit pour couvrir les non-valeurs et les frais de perception.

Les centimes additionnels se divisent en centimes généraux, départementaux et communaux.

Cote.

Part imposée à chaque contribuable.

Enregistrement de baux et déclarations de loyers.

Les locations verbales doivent être déclarées au bureau de l'enregistrement, dans les *trois mois* de l'entrée en jouissance. Les baux écrits sous seings privés sont enregistrés dans les *trois mois* de la date de l'acte, à moins que l'entrée en jouissance ne soit antérieure à la rédaction du bail, auquel cas le délai court de cette entrée en jouissance. Le droit est de 25 centimes par 100 francs, décimes compris. Le propriétaire et le locataire sont responsables du payement. A défaut d'en-registrement ou de déclaration, il est dû un droit en sus qui ne peut être inférieur à 62 fr. 50, décimes compris. (Lois des 22 frimaire an VII, 27 ventôse an IX, 16 juin 1824, 23 août 1871, 28 février 1872 et 30 décembre 1873.)

Etats de cotes indûment imposées.

Etats présentés par les percepteurs (en vue d'obtenir décharge ou réduction) où sont inscrites toutes les cotes qui paraissent constituer un faux emploi, mais seulement lorsqu'il s'agit de contribuables qui ne pourraient réclamer eux-mêmes.

Etats de cotes irrécouvrables.

Etats présentés (pour le même motif que ci-dessus) par les

percepteurs qui y portent toutes les cotes ou portions de cotes dont le paiement n'a pu être obtenu, ainsi que les frais de poursuites y relatifs qui n'ont pu être recouvrés.

Les frais d'instance judiciaire, qui s'imputent sur un crédit spécial, ne doivent pas figurer sur les dits états.

Extraits de rôle.

Les percepteurs sont tenus de délivrer, sur papier libre, à toute personne portée au rôle, qui en fait la demande, l'extrait relatif à ses contributions ou tout autre extrait de rôle ou certificat négatif. Ils ont droit à une rétribution de 25 centimes par extrait de rôle concernant le même contribuable. Lorsque la délivrance de l'extrait a pour objet une demande en dégrèvement, ils doivent, pour ladite somme, remettre autant d'extraits qu'il y a de natures de contributions donnant lieu à réclamation.

Imposition.

Le terme « d'imposition » a un sens moins général que celui d'impôt. L'imposition, en effet, désigne plus spécialement les droits qui frappent directement les contribuables d'une commune, d'un département, pour faire face aux charges de cette commune, de ce département. L'impôt, au contraire, résume les parts qui reviennent à l'Etat, au département et à la commune.

Impôt.

On peut définir l'impôt « la part contributive de chaque individu « imposable » dans les dépenses publiques ».

Le principe de l'impôt a été admis dès les temps les plus reculés ; après avoir consisté en *prestations en nature* et en *services personnels*, il est devenu, à l'époque contemporaine, une dette pécuniaire. En échange de l'impôt, l'Etat protège la propriété, veille à la sécurité des personnes, organise les armées et assure le bon fonctionnement des services publics.

L'économiste anglais Adam Smith a résumé dans les quatre

maximes suivantes les règles d'après lesquelles l'impôt doit être établi :

1º L'impôt doit être en proportion du revenu dont chacun jouit sous la protection de l'Etat.

2º La quote-part, ainsi que l'époque et le mode de paiement, doit être certaine et non arbitraire.

3º La perception doit être faite à l'époque et selon le mode que l'on peut présumer le plus commode pour le contribuable.

4º L'impôt doit être établi de manière à n'entraîner que des frais de perception aussi faibles que possible.

Les impôts se répartissent en deux classes : les impôts directs et les impôts indirects.

Impôts directs et impôts indirects.

Les impôts directs sont ainsi appelés, non-seulement parce qu'ils frappent *directement* les personnes ou les biens, mais parce qu'ils sont perçus au moyen de *rôles nominatifs*.

Les impôts indirects n'atteignent qu'*indirectement* les individus ; ils sont perçus sur la vente de certains produits, de certaines marchandises, à l'occasion de certains faits sans qu'il y ait, au préalable, détermination des personnes : ils paraissent moins sensibles, moins arbitraires que les impôts directs, mais ils sont, en revanche, d'une perception plus compliquée, moins facile et, à une époque de crise, ils produisent moins en raison des privations que les consommateurs s'imposent.

Pour permettre de saisir le caractère distinctif de l'impôt direct, nous ne saurions mieux faire que de citer la définition suivante qu'en a donnée l'Assemblée Constituante : « C'est toute « imposition foncière ou personnelle, c'est-à-dire assise direc- « tement sur les fonds de terre ou assise directement sur les « personnes, qui se lève par les voies du cadastre ou des rôles « de cotisations et qui passe immédiatement du contribuable « cotisé au percepteur chargé d'en recevoir le produit. »

Nous ne nous entretiendrons, dans cet ouvrage, que des im- pôts directs, qui se divisent en deux grandes catégories :

1° Les impôts dits de répartition ;

2° Les impôts dits de quotité. (1)

Les impôts de répartition *seulement* sont votés annuellement ; quant aux impôts de quotité, à moins de modifications, les Chambres se bornent à en autoriser la *perception*, en se référant aux lois qui les ont votés, comme elles le font d'ailleurs pour les contributions indirectes.

Aucun impôt, quel qu'il soit, ne peut être établi, si la perception n'en a été autorisée par la loi annuelle qu'on appelle « loi de budget » (1).

Lois de finances.

L'impôt ne peut être établi qu'en vertu d'une loi. La constitution du 24 février 1875, qui nous régit actuellement, attribue au Parlement l'initiative et la confection des lois ; elle exige toutefois que les lois de finances soient, en premier lieu, présentées à la Chambre et votées par elle. L'expression de « lois de finances » s'entend de toutes celles qui ont pour but d'établir des impôts nouveaux ou de modifier les impôts anciens.

Perception des impôts.

Les fonctionnaires chargés, sous l'autorité du Ministre des finances, d'effectuer les opérations du service des contributions directes, se divisent en deux classes : les uns ont pour mission d'établir l'assiette de l'impôt et de participer à sa répartition. La hiérarchie de ces fonctionnaires est déterminée de la façon suivante :

Directeur général des contributions directes.

Directeurs départementaux.

Inspecteurs.

Contrôleurs.

Surnuméraires.

---

(1) V. Lois de finances.

Les autres recouvrent les contributions directes : ils constituent une *agence de perception* qui comprend dans chaque département :

Un trésorier-payeur général des finances.

Des receveurs particuliers d'arrondissements.

Des percepteurs et des receveurs municipaux (1).

Le contribuable effectue le paiement de ses impositions entre les mains du percepteur qui, à son tour, verse ses recouvrements dans la caisse du receveur particulier d'arrondissement. Pour l'arrondissement chef-lieu, le percepteur fait ses versements à la trésorerie générale.

Répartiteurs,

La commission des répartiteurs (Loi du 3 frimaire an VII, art. 9 ; loi du 5 avril 1884, art. 61) comprend sept membres, parmi lesquels le maire et l'adjoint dans les communes dont la population est inférieure à 5,000 habitants, ou deux membres du conseil municipal dans les autres communes.

Cinq répartiteurs et cinq répartiteurs suppléants sont nommés par le Sous-Préfet sur une liste dressée annuellement par le conseil municipal et contenant un nombre double de celui des répartiteurs et des répartiteurs suppléants à nommer : autant que possible, la commission comprend deux contribuables fonciers non domiciliés dans la commune.

Les répartiteurs déterminent les bases d'imposition des contributions foncière, personnelle-mobilière et des portes et fenêtres. Ils participent aussi à l'assiette de certaines taxes assimilées perçues au profit de l'Etat (voitures et chevaux, vélocipèdes), ou des communes (prestations, chiens).

Ils donnent leur avis sur les réclamations concernant les contributions ou taxes dont l'assiette leur est confiée.

----

(1) Dans la plupart des communes rurales, le percepteur est, pour sa réunion, également chargé des fonctions de receveur municipal.

Revenu cadastral.

Le revenu cadastral est la base qui sert à déterminer la quotité de l'impôt exigible pour la contribution foncière des propriétés non bâties. Il peut être égal au revenu net imposable, c'est-à-dire au loyer réel que l'on peut tirer des propriétés inscrites dans la matrice cadastrale ; mais, le plus fréquemment, il représente ce même revenu net atténué d'un tant pour cent, variable de commune à commune.

Cette atténuation, dont on ne s'explique pas la raison d'être, ne peut, d'ailleurs, avoir aucune influence, ni sur les contingents à attribuer à chaque commune, ni au point de vue de la répartition individuelle.

Le revenu cadastral ne peut être modifié tant qu'il n'a pas été procédé à la réfection du cadastre, sauf dans le cas de corrosion ou de détérioration de terrains à la suite d'événements extraordinaires indépendants de la volonté du propriétaire.

CONTRIBUTIONS DIRECTES

Impôts de quotité. Impôts de répartition.

Taxes assimilées.

Vérification des Avertissements.

Contributions directes.

Notre législation actuelle reconnaît quatre contributions directes, savoir :

1º La contribution foncière (bâtie ou non bâtie).

2º   Id.   personnelle et mobilière.

3º   Id.   des patentes.

4º   Id.   des portes et fenêtres.

Contribution foncière (bâtie).
Loi du 8 août 1890.

Le revenu net imposable des maisons et chantiers et celui des fabriques, forges, moulins et autres usines comprend tout ce qui reste au propriétaire, déduction faite, sur leur valeur locative, de la somme nécessaire pour l'indemniser du dépérissement et des frais d'entretien et de réparations.

Cette réduction est du quart pour les maisons et les chantiers, du tiers pour les usines.

Contribution foncière (non bâtie).
Loi du 3 frimaire an VII

La répartition de l'imposition foncière est faite par égalité proportionnelle sur toutes les propriétés foncières, à raison de leur revenu net imposable sans autres exceptions que celles déterminées ci-après :

Le revenu net des terres comprend ce qui reste au propriétaire, déduction faite, sur le produit brut, des frais de culture, semence, récolte et entretien.

Le revenu imposable est le revenu net moyen calculé sur un nombre d'années déterminé.

La contribution foncière est perçue en argent.

Ne sont pas imposables :

(Décret du 11 août 1808).

Les palais, châteaux et bâtiments nationaux, les palais du Sénat et du corps législatif, les jardins et parcs en dépendant.

Le Panthéon, l'Hôtel des Invalides, l'Ecole militaire, l'Ecole polytechnique, la Bibliothèque nationale, le Jardin des Plantes.

Les bâtiments affectés au logement des ministres, du grand maître de l'Université, des administrations et de leurs bureaux.

Les églises et temples consacrés à un culte public, les cimetières, les archevêchés, évêchés et séminaires, les presbytères et jardins y attenant.

Les bâtiments occupés par les cours de justice et les tribunaux.

Les lycées, prytanées, écoles et maisons d'éducation nationales, les bibliothèques publiques, musées, jardins de botanique des départements, leurs pépinières et celles faites au compte du gouvernement par l'administration des forêts et les ponts et chaussées.

Les hôtels des préfectures, sous-préfectures et jardins y attenant, les maisons communales, maisons d'école appartenant aux communes, les hospices et jardins y attenant, dépôts de mendicité, prisons, maisons de détention.

Les fortifications et glacis en dépendant, les arsenaux, magasins, casernes et autres établissements militaires.

Les manufactures de poudre de guerre, les manufactures de tabacs et autres au compte du gouvernement, les haras, enfin tous les bâtiments dont la destination a pour objet l'utilité publique.

Dispositions spéciales à la contribution foncière des propriétés bâties.

La contribution foncière des propriétés bâties est établie, depuis le 1er janvier 1891, en raison de la valeur locative de ces propriétés, sous déduction d'un quart pour les maisons et d'un tiers pour les usines.

Constructions nouvelles. — Les constructions nouvelles, les reconstructions et additions de construction ne sont soumises à la contribution foncière que la troisième année après leur achèvement; mais, pour jouir de cette exemption temporaire, le propriétaire est tenu de faire à la mairie de la commune où le bâtiment doit être élevé, et dans les *quatre mois à partir de l'ouverture des travaux*, une déclaration indiquant la nature du bâtiment, sa destination et la désignation, d'après les documents cadastraux, du terrain sur lequel il doit être construit. Il en est de même lorsqu'un bâtiment rural est converti en maison ou en usine et lorsqu'un terrain vient à être affecté à un usage commercial ou industriel (chantier, etc.)

Les constructions nouvelles, les reconstructions et additions de construction non déclarées ou déclarées après l'expiration du délai de *quatre mois à partir de l'ouverture des travaux,* sont imposables, au moyen de *rôles particuliers,* à la contribution foncière et à celle des portes et fenêtres à partir du 1er janvier de l'année qui suit celle de leur achèvement. Leurs cotisations, tant en principal qu'en centimes additionnels, sont égales à celles que supportent, pour l'année en cours, les immeubles de même nature et de même importance; mais elles sont multipliées par le nombre d'années écoulées entre celle où les constructions ont été achevées et celle où elles ont été découvertes, y compris cette dernière année, sans toutefois pouvoir être plus que quintuplées.

Réclamations. — Les propriétaires d'immeubles bâtis ne sont plus recevables, à partir de l'année 1894, et jusqu'à ce qu'il ait été procédé à une nouvelle évaluation des propriétés bâties de la commune, à réclamer contre l'évaluation attribuée à leurs propriétés, à moins qu'elles n'aient subi une dépréciation par suite de *circonstances exceptionnelles* ou qu'elles n'aient été imposées pour la première fois dans le rôle de l'année ou dans celui de l'année précédente.

Dans le premier cas, le délai de réclamation est de *trois mois* à partir de la publication du rôle ; en ce qui concerne les constructions et additions de construction nouvellement imposées, le délai est de *six mois*, pour la première année de l'imposition, de *trois mois* seulement pour la seconde.

Rôles auxiliaires de fermiers. — Tout propriétaire ou usufruitier ayant plusieurs fermiers dans la même commune et qui veut les charger de payer à son acquit la contribution foncière des biens qu'ils tiennent à ferme ou à loyer, doit remettre au percepteur une déclaration indiquant sommairement la division de son revenu cadastral entre lui et ses fermiers. Cette déclaration doit être signée par le propriétaire et par les fermiers.

Si le nombre des fermiers est de plus de trois, la déclaration est transmise par le percepteur au directeur des contributions directes, qui opère la division de la contribution et porte dans un rôle auxiliaire la somme à payer par chaque fermier.

Les frais d'impression et de confection de ce rôle sont payés par les déclarants, à raison de 5 centimes par article.

Contribution des patentes.

Loi du 15 juillet 1880.

Tout individu français ou étranger qui exerce en France un commerce, une industrie, une profession non compris dans les exceptions déterminées par la loi est assujetti à la contribution des patentes.

Ne sont pas imposables :

1° Les fonctionnaires et employés salariés soit par l'Etat,

soit par les administrations départementales et communales, en ce qui concerne seulement l'exercice de leurs fonctions.

2° Les peintres, sculpteurs, graveurs et dessinateurs, considérés comme artistes et ne vendant que le produit de leur art.

Les professeurs de belles-lettres, sciences et arts d'agrément, les instituteurs primaires.

Les sages-femmes.

Les éditeurs de feuilles périodiques.

Les artistes dramatiques.

3° Les laboureurs et cultivateurs, seulement pour la vente et la manipulation des récoltes et fruits provenant des terrains qui leur appartiennent ou par eux exploités.

Les concessionnaires de mines, pour le seul fait de l'extraction et de la vente des matières par eux extraites.

Les propriétaires ou fermiers de marais salants.

Les propriétaires ou locataires louant accidentellement une partie de leur habitation personnelle.

Les pêcheurs, lors même que la barque qu'ils montent leur appartient.

4° Les caisses d'épargne et de prévoyance administrées gratuitement, les assurances mutuelles régulièrement autorisées.

5° Les capitaines de navire de commerce ne naviguant pas pour leur compte.

Les cantiniers attachés à l'armée.

. Les écrivains publics.

Les commis et toutes les personnes travaillant à gages, à façon et à la journée, dans les maisons, ateliers et boutiques des personnes de leur profession.

Les ouvriers travaillant chez eux ou chez les particuliers sans compagnons ni apprentis, soit qu'ils travaillent à façon, soit qu'ils travaillent pour leur compte et avec des matières à eux appartenant, qu'ils aient ou non une enseigne ou une boutique.

Les ouvriers travaillant en chambre avec un apprenti âgé de moins de 16 ans.

La veuve qui continue avec l'aide d'un seul ouvrier ou d'un seul apprenti la profession précédemment exercée par son mari.

Les personnes qui vendent en ambulance dans les rues, dans les lieux de passage et dans les marchés soit des fleurs, de l'amadou, des balais, des statues et figures en plâtre, soit des fruits, des légumes, des poissons, du beurre, des œufs, du fromage et autres menus comestibles.

Les savetiers, les chiffonniers au crochet, les porteurs d'eau à la bretelle ou avec voiture à bras, les rémouleurs ambulants, les gardes-malades.

Les fabricants à métiers travaillant exclusivement à façon lorsque leur droit fixe, calculé conformément au tarif légal, n'excède pas *vingt-un francs* en principal.

Ne sont point considérés comme compagnons ou apprentis, la femme travaillant avec son mari, ni les enfants non mariés travaillant avec leurs père et mère, ni le simple manœuvre dont le concours est indispensable à l'exercice de la profession.

La contribution des patentes se compose d'un droit fixe et d'un droit proportionnel.

Droit fixe. — Le *droit fixe* est établi d'après la nature de la profession exercée et par *établissement*. Le patentable ayant *plusieurs établissements*, boutiques ou magasins de même espèce ou d'espèces différentes est passible d'un droit fixe, en raison du commerce, de l'industrie ou de la profession exercés dans chacun des ces établissements, boutiques ou magasins.

Le patentable qui exerce plusieurs commerces ou industries dans le même établissement n'est passible que d'un seul droit fixe qui est le plus élevé de ceux des professions pour lesquelles il est imposé.

Droit proportionnel. — Le *droit proportionnel* est établi sur la valeur locative, *tant de l'habitation* que des magasins, boutiques, usines, ateliers, hangars, remises, chantiers et autres locaux servant à l'exercice des professions imposables. Il est dû, lors même que le logement et les locaux sont concédés à titre gratuit.

Le droit proportionnel pour les usines et les établissements industriels est calculé sur la valeur locative de ces établissements pris dans leur ensemble et munis de tous leurs moyens matériels de production.

Les marchands forains et tous autres patentables dont la profession n'est pas exercée à demeure fixe sont tenus d'acquitter le montant total de leur patente au moment où celle-ci leur est délivrée.

En cas de déménagement du contribuable hors du ressort de la perception, comme en cas de vente volontaire ou forcée, la contribution des patentes est immédiatement exigible pour l'année entière.

Annualité de l'impôt. — La contribution des patentes est due pour *l'année entière* par tous les individus exerçant *au 1er janvier* une profession imposable.

En cas de fermeture des établissements, boutiques ou ateliers par suite de *décès*, de *liquidation judiciaire* ou de *faillite déclarée*, les droits ne sont dus que pour le passé et le mois courant. Sur la réclamation des parties intéressées, *dans les trois mois* de la fermeture de l'établissement, il est accordé décharge du surplus de la taxe.

Cession d'établissement. — En cas de cession d'établissement, la patente peut être, sur la demande du cédant ou du cessionnaire, transférée à ce dernier. La demande est recevable dans les *trois mois*, à partir, soit de la cession de l'établissement, soit de la publication du rôle supplémentaire dans lequel le concessionnaire aurait été personnellement imposé pour l'établissement cédé. Le transfert peut aussi être proposé d'office après avis donné au cédant et au cessionnaire.

Rôles supplémentaires. — Sont imposables par rôles supplémentaires :

Les patentables omis au rôle primitif ou ayant apporté, avant le 1er janvier de l'année, des changements dans l'exercice de leur profession ;

Les patentables entreprenant, dans le cours de l'année, une profession nouvelle ou comportant un droit fixe plus élevé que celui afférent à la profession qu'ils exerçaient d'abord.

Ceux qui, dans le cours de l'année, transportent leur établissement dans une commune d'une population plus élevée.

Les patentables prenant, dans le cours de l'année, des locaux d'une valeur locative supérieure à celle des locaux pour lesquels ils étaient primitivement imposés.

Contribution personnelle-mobilière.

Loi du 21 avril 1832.

La contribution personnelle et mobilière est due par chaque habitant français et par chaque étranger de tout sexe jouissant de ses droits et non réputé indigent.

Sont considérés comme jouissant de leurs droits, les veuves et les femmes séparées de leurs maris, les garçons et filles majeurs ou mineurs ayant des moyens suffisants d'existence, soit par leur fortune personnelle, soit par la profession qu'ils exercent, lors même qu'ils habitent avec leur père, mère, tuteur ou curateur.

La contribution personnelle n'est due que dans la commune du domicile réel. Elle se compose de la valeur de trois journées de travail, dont le prix est fixé par le Conseil général.

La contribution mobilière est due pour toute habitation meublée située, soit dans la commune du domicile réel, soit dans toute autre commune.

Elle est établie d'après la valeur locative des locaux affectés à l'habitation personnelle.

Locaux non imposables à la contribution mobilière:

Ateliers des artistes peintres, sculpteurs, etc., servant aux élèves.

Bâtiments ruraux des cultivateurs.

Boutiques, ateliers, magasins et tous locaux consacrés exclusivement au commerce ou à l'industrie et ne constituant pas des dépendances de l'habitation.

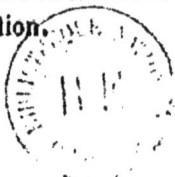

2

Bureaux des fonctionnaires publics lorsqu'ils sont spécialement destinés à cette affectation et qu'ils ne font pas partie de l'habitation personnelle.

Chambres employées à serrer les récoltes provenant de l'exploitation rurale du contribuable.

Cours, superficie des bâtiments ruraux, jardins d'agrément, jardins potagers.

Jardin ne formant pas une dépendance nécessaire de l'habitation.

Locaux destinés, dans les établissements d'instruction, au logement des élèves, classes, salles d'étude, réfectoires, dortoirs.

Mess d'officiers.

Pavillon situé dans un jardin, loin de l'habitation dont il ne peut être considéré comme une dépendance, lorsqu'il n'est pas meublé et ne sert qu'à renfermer les chaises et les tables en fer destinées au jardin.

Pièces affectées comme cabinets de travail ou études à l'exercice des professions de notaire, avoué, avocat, médecin, etc., lorsque, indépendamment de leur affectation exclusive au service de la profession, elles sont tout à fait distinctes et séparées de l'habitation personnelle.

Personnes imposables :

Officiers de terre et de mer ayant des habitations particulières, soit pour eux soit pour leurs familles, les officiers sans troupe, officiers d'état-major, officiers de gendarmerie et de recrutement, etc.

Les officiers avec troupe et les officiers d'état-major sont imposables quand la valeur locative de leur habitation, évaluée comme non meublée, excède sensiblement la moitié de leur indemnité de logement, cette indemnité étant afférente pour la moitié au loyer des meubles.

Ils ne doivent, dans tous les cas, que la contribution mobilière et ne sont pas imposables à la taxe personnelle.

Les père et mère de 7 enfants vivants, mineurs, légitimes ou reconnus, assujettis à une contribution personnelle-mobilière égale ou inférieure à dix francs en principal, (1) sont dégrevés d'office de la contribution personnelle-mobilière.

Contribution des portes et fenêtres.

Loi du 4 frimaire an VII.

La contribution est établie sur les portes et fenêtres donnant sur les rues, cours et jardins des maisons, bâtiments et usines, magasins, hangars, ateliers, boutiques, salles de spectacles, etc.

Sur les portes et fenêtres donnant sur les champs et les prés ou pratiquées dans la toiture des maisons et usines pour éclairer des locaux habitables ou affectés à l'industrie.

Ouvertures non imposables :

Les ouvertures non closes et les ouvertures intérieures.

Les portes et fenêtres servant à éclairer ou aérer les granges, bergeries, étables, greniers, caves et autres locaux affectés au service de l'agriculture et non destinés à l'habitation des hommes ou à l'exercice d'un commerce ou d'une industrie.

Les ouvertures des bâtiments affectés à un service public civil, militaire, d'instruction ou de bienfaisance ou aux hospices sauf pour les parties occupées par les fonctionnaires, ecclésiastiques, employés civils ou militaires, etc.

Les ouvertures des manufactures.

Les ouvertures servant à éclairer des pièces dans lesquelles sont serrés des fagots et autres matériaux et qui ne peuvent, dans leur état actuel, être considérées comme destinées à l'habitation des hommes.

Renseignements généraux.

Les contribuables pourront prendre connaissance, au secrétariat de la mairie, d'un tableau indiquant la division du montant de chaque contribution entre l'État, le département et la

---

(1) Part de l'État, non compris les centimes additionnels généraux.

commune ; la nature, la qualité et le produit des divers centimes additionnels au principal des contributions ; la destination
des impositions départementales et communales, et la date des
lois, décrets, arrêtés ou votes qui les ont autorisées ou établies;
le montant des réimpositions, etc.

Payement des contributions.

Quittance.

Les contributions foncière, personnelle-mobilière, des patentes et des portes et fenêtres sont payables en douze portions
égales dont chacune est exigible le 1er de chaque mois pour lo
mois précédent. Toutefois en cas de déménagement hors du
ressort de la perception, comme en cas de vente volontaire ou
forcée, la contribution *personnelle-mobilière* est immédiatement exigible pour l'année entière. (Voir pour les patentes
page 16).

Les contribuables sont invités à représenter leur avertissement au percepteur à chaque payement qu'ils effectuent. Toute
quittance, pour être valable, doit être délivrée sur un coupon
que le percepteur détache de son livre à souche.

Responsabilité des propriétaires et des principaux locataires.

Les propriétaires et principaux locataires sont tenus, *un
mois* avant le déménagement de leurs locataires ou sous-locataires, de se faire représenter par ceux-ci les quittances de leurs
contributions *personnelle-mobilière* et des *patentes ;* si ces
quittances ne leur sont pas représentées, ils doivent en prévenir immédiatement le percepteur.

En cas de déménagement furtif, ils sont tenus de faire con-
stater dans les *trois jours,* le déménagement par le maire, le
juge de paix ou le commissaire de police et d'en donner avis
au percepteur.

Faute par eux de remplir ces formalités, ils peuvent être
rendus responsables :

1° En ce qui concerne la contribution *personnelle-mobi-*

lière, de l'intégralité de la contribution due par leurs loca-taires ou sous-locataires dans le cas de déménagement ordi-naire, et des douzièmes échus de cette contribution dans le cas de déménagement furtif;

2° En ce qui concerne la contribution des *patentes*, du der-nier douzième échu et du douzième courant, dans les deux cas.

Impôts de quotité.

Dans l'impôt de quotité, le contribuable est cotisé selon une proportion déterminée pour chacune des bases d'imposition et la réunion de toutes les cotisations individuelles forme le mon-tant du rôle de cette imposition.

Dans l'impôt de répartition, les cotes des contribuables ré-sultent du montant de l'imposition; pour l'impôt de quotité, au contraire, c'est le montant de l'imposition qui résulte des cotes des contribuables.

Le produit de l'impôt de répartition est assuré et sa propor-tion certaine; la proportion de l'impôt de répartition est fixe, mais son produit éventuel.

En d'autres termes, l'impôt de répartition astreint solidaire-ment les contribuables d'une même commune à fournir la somme demandée; le paiement de l'impôt de quotité libère, au contraire, chaque contribuable lorsqu'il a payé la part qui lui a été fixée par la loi.

La contribution foncière bâtie et la contribution des patentes sont des impôts de quotité.

Depuis le vote de la loi du 8 août 1890, l'impôt foncier n'est plus comme autrefois un impôt de répartition; ce caractère lui a été enlevé pour les propriétés bâties. Il n'est plus assigné aujourd'hui de contingent aux départements, arrondissements et communes en matière de contribution des propriétés bâties qui sont taxées en raison de leur valeur locative.

Impôts de répartition.

Les impôts de répartition sont ceux dont le montant fixé

chaque année par la loi de finances, se répartit d'abord par département : le Conseil général fixe ensuite la part contributive de chaque arrondissement ; le Conseil d'arrondissement,
à son tour, effectue les mêmes opérations pour chaque commune.

La contribution foncière non bâtie, la contribution personnelle et mobilière, la contribution des portes et fenêtres sont
des impôts de répartition.

Ajoutons que certaines taxes établies au profit des départements, des communes, des établissements publics et des com-
munautés d'habitants dûment autorisées tiennent également
des impôts de répartition.

TAXES ASSIMILÉES AUX IMPOTS DIRECTS

Biens de mainmorte.

Lois des 20 février 1849, 30 mars 1872, 30 décembre 1873, 29 décembre 1884.

Taxe annuelle représentative des droits de transmission entre
vifs et par décès établie sur les biens immeubles passibles de
la contribution foncière appartenant aux départements, communes, hospices, séminaires, fabriques, congrégations reli-
gieuses, consistoires, établissements de charité, bureaux de
bienfaisance, sociétés anonymes et tous établissements publics
légalement autorisés.

En principe, l'Etat n'est pas imposable pour ses propriétés,
mais une exception a été faite par la loi du 22 décembre 1878
pour les chemins de fer qu'il exploite.

Cette contribution est calculée de manière à atteindre le 20°
ou les 5 0/0 du revenu net annuel des biens qu'elle frappe.

Sont exemptes :

1° Les sociétés anonymes ayant pour objet exclusif l'achat et
la vente d'immeubles, mais seulement pour ceux de ces immeubles qui sont destinés à être vendus, l'exemption ne pouvant s'étendre aux immeubles exploités par la société ou qui
ne sont pas destinés à la vente. (Loi du 14 décembre 1875.)

2° Les sociétés ayant pour objet exclusif la construction et la vente des habitations à bon marché dans les conditions prévues par la loi du 30 novembre 1894.

Lorsqu'un établissement passible de la taxe des biens de mainmorte ne possède que la nue propriété d'un immeuble dont l'usufruit appartient à un particulier, les droits sont réduits de moitié.

Billards.

Lois des 16 septembre 1871 et 18 décembre 1871.

Les billards publics et privés sont soumis aux taxes suivantes pour les éléments possédés au 1er janvier :

Paris	60 francs.
Villes au-dessus de 50,000 habitants . . .	30 —
Villes de 10,000 à 50,000 habitants . . .	15 —
Ailleurs	6 —

Tous les billards sont imposables au nom des possesseurs sous la seule réserve que ces billards soient en état de fonctionner.

Annualité de la taxe. — La taxe est due, *pour l'année entière*, à raison de chaque billard possédé ou dont on a la jouissance *à la date du 1er janvier*.

En cas de décès du contribuable, les héritiers sont tenus au payement de la taxe ou de la portion de taxe non encore acquittée.

Cession d'établissement. — En cas de cession d'établissement renfermant un ou plusieurs billards, le cédant peut, en exécution de l'art. 28 de la loi du 15 juillet 1880 relative à la contribution des patentes, dans les *trois mois* de la cession, demander que la taxe soit transférée à son successeur.

Déclarations. — Les *possesseurs* de billards, soit publics, soit privés, doivent en faire la déclaration à la mairie de la commune où se trouvent les billards.

Les déclarations sont reçues *du 1er octobre de chaque année au 31 janvier de l'année suivante.*

La déclaration est inscrite sur un registre spécial; elle est signée par le déclarant. Il en est délivré un récépissé mentionnant le nom du déclarant, la date de la déclaration et le nombre de billards déclarés.

Les déclarations sont valables pour toute la durée des faits qui y ont donné lieu; elles doivent être modifiées dans le cas de changement de résidence ou de modifications survenues dans les bases de cotisation.

Payement de la taxe. — La taxe sur les billards est payable par portions égales en autant de termes qu'il reste de mois à courir à dater de la publication du rôle.

En cas de déménagement du contribuable hors du ressort de la perception, la taxe ou portion de taxe restant à acquitter est immédiatement exigible.

Pénalités. — Les taxes établies sur les billards publics et privés sont *doublées* pour les contribuables qui ont fait des déclarations inexactes et pour ceux qui n'ont pas fait leurs déclarations dans les délais réglementaires.

Rôles supplémentaires. — Lorsque les faits pouvant donner lieu à des *doubles taxes* n'ont pas été constatés en temps utile pour entrer dans la formation des rôles primitifs, il est dressé dans le cours de l'année des rôles supplémentaires.

Bourses et Chambres de commerce.

Lois des 23 juillet 1820, art. 11 à 16 et 15 juillet 1880, art. 38.

Il est établi des contributions spéciales destinées à subvenir aux dépenses des bourses et chambres de commerce.

Sont imposables :

Les patentables compris dans les 3 premières classes du tableau A annexé à la loi du 15 juillet 1880 et les patentables compris dans les tableaux B et C annexés à la même loi, lorsque leur droit fixe est égal ou supérieur à celui de la 3ᵉ classe du tableau A dans la commune où les professions sont exercées.

Cercles, Sociétés, Lieux de réunions.

Lois des 16 septembre 1871, 18 décembre 1871 et 5 août 1874.

Les cercles, sociétés et lieux de réunion où se payent des cotisations sont assujettis à une taxe qui est réglée à la fois sur le montant des cotisations, y compris les droits d'entrée, et sur le montant de la valeur locative des bâtiments, locaux et emplacements affectés à l'usage de l'établissement.

Pour l'assiette de la taxe, les cercles sont divisés en trois catégories, savoir :

1ʳᵉ catégorie. — Cercles dont les cotisations s'élèvent à 8,000 francs et au-dessus, ou la valeur locative à 4,000 francs et au-dessus.

20 p. 0/0 du montant des cotisations et 8 p. 0/0 du montant de la valeur locative.

2ᵉ catégorie. — Cercles dont les cotisations sont de 3,000 francs et au-dessus, mais inférieures à 8,000 francs, ou dont la valeur locative est de 2,000 francs et au-dessus, mais n'atteint pas 4,000 francs.

10 p. 0/0 du montant des cotisations et 4 p. 0/0 du montant de la valeur locative.

3ᵉ catégorie. — Cercles dont les cotisations sont inférieures à 3,000 francs et la valeur locative inférieure à 2,000 francs.

5 p. 0/0 du montant des cotisations et 2 p. 0/0 du montant de la valeur locative.

Ne sont pas imposables :

Les sociétés de bienfaisance ou de secours mutuels ; celles qui sont exclusivement scientifiques, littéraires, agricoles, musicales, ou qui ont pour objet exclusif des jeux d'adresse ou des exercices spéciaux et dont les réunions ne sont pas quotidiennes ; enfin, les associations d'étudiants des facultés de l'Etat, même dont les réunions sont quotidiennes, lorsqu'elles sont purement scientifiques ou littéraires, et qu'elles sont reconnues par les autorités préfectorale et universitaire.

Déclarations. — Les gérants, secrétaires ou trésoriers des cercles doivent faire chaque année, *du 1er au 31 janvier*, à la mairie des communes où se trouvent ces établissements, une déclaration indiquant :

1° Le nombre des abonnés, membres ou associés et le temps pendant lequel ils ont fait partie du cercle dans le cours de l'année précédente, ainsi que le montant correspondant de leurs cotisations avec mention spéciale des droits d'entrée compris dans ces cotisations.

2° Les bâtiments, locaux et emplacements affectés à l'usage de l'établissement pendant l'année précédente.

La déclaration est inscrite sur un registre spécial ; elle est signée par le déclarant. Il en est délivré un récépissé reproduisant tous les détails contenus dans la déclaration.

Les déclarations sont valables pour toute la durée des faits qui y ont donné lieu ; elles doivent être modifiées dans les cas de changements survenus dans le montant des cotisations ou dans la composition des locaux affectés à l'usage du cercle.

Dans le cas de dissolution ou de fermeture d'un cercle en cours d'exercice, une déclaration spéciale doit être faite par le gérant, secrétaire ou trésorier *dans les dix jours* de la dissolution ou de la fermeture.

Payement de la taxe. — La taxe sur les cercles, sociétés et lieux de réunion est payable en une seule fois *dans le mois* qui suit la publication du rôle ; elle est acquittée par les gérants, secrétaires ou trésoriers.

Dans le cas d'imposition supplémentaire établie, en cours d'exercice, par suite de la dissolution ou de la fermeture d'un cercle, le payement doit être effectué dans un délai de *dix jours*, à partir du moment où le redevable a été avisé par le Directeur des contributions directes du montant de la somme à acquitter.

Pénalités. — Les taxes établies sur les cercles, sociétés et lieux de réunion sont doublées pour les contribuables qui ont fait une déclaration inexacte et pour ceux qui n'ont pas fait leur déclaration dans les délais réglementaires. En cas de déclaration inexacte, la double taxe ne porte que sur les cotisations et sur la valeur locative des locaux non déclarés.

Rôles supplémentaires. — Dans le cas de dissolution ou de fermeture d'un cercle en cours d'exercice, il est établi un rôle supplémentaire ; il en est de même lorsque des faits pouvant donner lieu à des doubles taxes n'ont pas été constatés en temps utile pour entrer dans la formation du rôle primitif.

Chevaux et voitures.

Lois des 2 juillet 1862, 16 septembre 1871, 23 juillet 1872, 23 décembre 1879, 29 décembre 1884.

La contribution est établie d'après le tarif suivant :

VILLES, COMMUNES ou LOCALITÉS	SOMMES A PAYER NON COMPRIS LE FONDS DE NON-VALEURS par chaque		
	voiture		cheval, mule et mulet de selle ou d'attelage
	à 4 roues	à 2 roues	
1	2	3	4
	francs	francs	francs
Paris	60	40	25
Communes, autres que Paris, ayant plus de 40,000 habitants . . .	50	25	20
Communes de 20,001 à 40,000 habitants . . .	40	20	15
Communes de 10,001 à 20,000 habitants . . .	30	15	12
Communes de 5,001 à 10,000 habitants . . .	25	10	10
Communes de 5,000 habitants et au-dessous.	10	5	5

Éléments imposables. — La contribution est due par les *possesseurs* :

1° De voitures *suspendues*, attelées ou non, destinées au transport des personnes.

2° De chevaux, mules et mulets servant à atteler les voitures imposables.

3° De chevaux, mules et mulets de *selle*.

Ces éléments ne sont passibles que de la *demi-taxe* lorsqu'ils sont *habituellement* employés pour le service de l'agriculture ou d'une profession donnant lieu à l'application des droits de patente.

Toutefois la réduction à la demi-taxe n'est pas accordée aux voitures, chevaux, mules et mulets des patentables exerçant des professions libérales.

La contribution n'est pas établie :

Sur les voitures, chevaux, mules et mulets affectés *exclusivement* au service des voitures publiques soumises aux droits des contributions indirectes.

Sur les voitures, chevaux, mules et mulets *exclusivement* destinés à la vente ou à la location.

Sur les voitures, chevaux, mules et mulets possédés en vertu des règlements du service militaire ou administratif.

Sur les juments et les étalons *exclusivement* affectés à la reproduction.

Depuis le 1er janvier 1896, les voitures, chevaux, mules et mulets fournis pas des loueurs, marchands ou carrossiers à des particuliers qui les logent dans des locaux à leur disposition, sont imposés au nom de ces derniers à la contribution sur les chevaux, voitures, mules et mulets, alors même que les voitures, chevaux, etc., seraient toujours entretenus aux frais des loueurs, marchands ou carrossiers et conduits par une personne à leur service.

Annualité de la contribution. — La contribution est due *pour l'année entière* à raison des voitures, chevaux, mules et mulets possédés *à la date du 1er janvier*.

En cas de décès du contribuable, les héritiers sont tenus au payement de la contribution ou portion de contribution non encore acquittée.

Déclarations. — Les *possesseurs* de voitures, chevaux, mules et mulets imposables doivent en faire la déclaration à la mairie de l'une des communes où ils ont leur résidence, en désignant celles où se trouvent en permanence des éléments imposables.

Les déclarations doivent être faites ou modifiées s'il y a lieu :

Pour les rôles primitifs : *le 15 janvier au plus tard* de chaque année.

Pour les rôles supplémentaires (voir ci-après) : dans le délai de *trente jours* à partir de la date à laquelle se sont produits les faits susceptibles de motiver l'imposition de nouvelles taxes ou de suppléments de taxes (acquisition d'éléments imposables, changement de résidence).

La déclaration est faite sur des formules déposées à la mairie; elle est signée par le déclarant. Il en est délivré un récépissé mentionnant le nom du déclarant, la date et le détail de la déclaration.

Les déclarations sont valables pour toute la durée des faits qui y ont donné lieu ; elles doivent être modifiées dans le cas de changement de résidence hors de la commune et dans le cas de modifications survenues dans la nature ou le nombre des éléments imposables.

Payement de la contribution. — La contribution sur les voitures, chevaux, mules et mulets est payable par portions égales en autant de termes qu'il reste de mois à courir à dater de la publication du rôle.

En cas de déménagement hors du ressort de la perception, la contribution ou portion de contribution restant à acquitter est immédiatement exigible.

Pénalités. — Les taxes sont *doublées* pour les voitures, chevaux, mules et mulets qui n'ont pas été déclarés dans les délais légaux ou qui ont été déclarés d'une manière inexacte ou incomplète.

Pluralité de résidence. — Si le contribuable a *plusieurs résidences*, il est, pour les voitures, chevaux, mules et mulets qui le suivent *habituellement* dans ces résidences, imposable dans le rôle de la commune où il est soumis à la taxe personnelle ; mais la contribution est établie suivant le tarif de celles de ces résidences dont la population est la plus élevée.

Pour les voitures, chevaux, mules et mulets qui restent *habituellement* attachés à l'une de ces résidences, le contribuable est imposable dans la commune de cette résidence et suivant la taxe afférente à la population de cette commune.

Rôles supplémentaires. — Les contribuables qui, *dans le cours de l'année*, deviennent possesseurs de voitures, chevaux, mules et mulets imposables doivent la contribution *à partir du 1er du mois* dans lequel le fait s'est produit et sans qu'il y ait lieu de tenir compte des taxes imposées au nom des précédents possesseurs.

Dans le cas où, à raison d'une résidence nouvelle, le contribuable devient passible d'une taxe supérieure à celle à laquelle il a été assujetti au 1er janvier, il doit un droit supplémentaire égal au montant de la différence de tarif et calculé *à partir du 1er du mois* dans lequel le changement de résidence s'est produit.

Sont imposables par voie de rôles supplémentaires les éléments possédés depuis une époque antérieure au 1er janvier et omis aux rôles primitifs; mais les droits ne sont dus qu'à partir du 1er *janvier* de l'année pour laquelle les rôles supplémentaires ont été émis.

Chiens.

Loi du 2 mai 1855. — Décrets des 4 août 1855, 3 août 1861, 29 décembre 1880.

La taxe est établie dans toutes les communes, et à leur profit; elle ne peut excéder *dix francs*, ni être inférieure à *un franc*.

Les tarifs ne peuvent comprendre que deux taxes:

1° La taxe *la plus élevée* porte sur les chiens d'agrément ou servant à la chasse.

2° La taxe *la moins élevée* porte sur les chiens de garde, comprenant ceux qui servent à guider les aveugles, à garder les troupeaux, les habitations, magasins, ateliers, etc , et, en général, tous les chiens qui ne sont pas compris dans la catégorie précédente.

Les chiens qui, *en raison de leur usage mixte*, peuvent être classés dans la première ou dans la seconde catégorie *sont rangés dans la première catégorie.*

Annualité de la taxe. — La taxe est due *pour l'année entière* à raison des chiens possédés au *1er janvier*, à l'exception de ceux qui, à cette époque, sont encore nourris par la mère.

En cas de décès du contribuable, les héritiers sont tenus au payement de la taxe ou de la portion de taxe non encore acquittée.

Déclarations. — Les *possesseurs* de chiens doivent faire à la mairie une déclaration indiquant le nombre de leurs chiens et les usages auxquels ils sont destinés, en se conformant aux distinctions énoncées ci-dessus.

Les déclarations sont reçues *du 1er octobre de chaque année au 15 janvier de l'année suivante.*

La déclaration est inscrite sur un registre spécial ; elle est signée par le déclarant. Il en est délivré un récépissé mentionnant le nom du déclarant, la date de la déclaration, le nombre et l'usage des chiens déclarés.

Les déclarations sont valables pour toute la durée des faits qui y ont donné lieu ; elles doivent être modifiées dans le cas de changement de résidence ou de modifications survenues dans les bases de cotisation.

Payement de la taxe. — La taxe sur les chiens est payable par portions égales, en autant de termes qu'il reste de mois à courir à dater de la publication du rôle.

En cas de déménagement du contribuable hors du ressort de la perception, la taxe ou portion de taxe restant à acquitter est immédiatement exigible.

Pénalités. — Sont passibles d'un accroissement de taxe :

1° Celui qui, possédant un ou plusieurs chiens, n'a pas fait de déclaration.

2° Celui qui a fait une déclaration incomplète ou inexacte.

Dans le premier cas, la taxe est *triplée*, et, dans le second, elle est *doublée* pour les chiens non déclarés ou portés avec une fausse désignation.

Rôles supplémentaires. — Lorsque des faits pouvant donner lieu à des accroissements de taxe n'ont pas été constatés en temps utile pour entrer dans la formation des rôles primitifs, il est dressé dans le cours de l'année des rôles supplémentaires.

Loi du 21 juillet 1881 *et décret du* 22 *juin* 1882 *sur la police sanitaire des animaux*. (Extrait). — « La rage, lorsqu'elle est constatée chez les animaux de quelque espèce qu'ils soient, entraîne l'abatage, qui ne peut être différé sous aucun prétexte. *Les chiens... suspects de rage doivent être immédiatement abattus.* Le propriétaire de l'animal suspect est tenu, même en l'absence d'un ordre des agents de l'administration, de pourvoir à l'accomplissement de cette prescription. » (Loi du 21 juillet 1881, art. 10).

Aux termes des art. 51 et 52 du décret du 22 juin 1882, tous les chiens circulant sur la voie publique doivent, à l'exception des chiens courants portant la marque de leur maître, être munis d'un collier indiquant les nom et demeure du propriétaire.

Les chiens trouvés sans collier sur la voie publique sont abattus sans délai si le propriétaire est inconnu. Ceux dont le propriétaire est connu sont abattus s'ils n'ont pas été réclamés *avant l'expiration d'un délai de trois jours francs.*

Militaire (Taxe)

Loi du 15 juillet 1889

La loi du 15 juillet 1889 assujettit à la taxe militaire (art. 35) ceux qui, par suite d'exemption, d'ajournement, de classement dans les services auxiliaires ou dans la seconde partie du contingent, de dispense, ou pour tout autre motif, bénéficient de l'exonération du service dans l'armée active.

La taxe militaire est due jusqu'au 1er janvier de l'année

qui suit le classement de l'assujetti dans la réserve de l'armée territoriale.

Sont seuls dispensés de cette taxe :

1° Les hommes réformés ou admis à la retraite pour blessures reçues dans un service commandé ou pour infirmités contractées dans les armées de terre ou de mer et munis d'un congé de réforme n° 1.

2° Les contribuables se trouvant dans un état d'indigence notoire.

La taxe militaire cesse par trois ans de présence effective des assujettis sous les drapeaux où par l'inscription sur les registres matricules de l'inscription maritime.

Elle cesse également à partir du 1er janvier de l'année qui suit le passage de la classe de l'assujetti dans la réserve de l'armée territoriale.

La taxe militaire se compose de :

1° Une *taxe fixe* de 6 francs.

2° Une *taxe proportionnelle* égale au montant en principal de la cote personnelle-mobilière de l'assujetti.

Si cet assujetti a encore ses ascendants du premier degré ou l'un d'eux, la cote est augmentée du quotient obtenu en divisant la cotisation personnelle-mobilière de celui de ces ascendants qui est le plus imposé à cette contribution, en principal, par le nombre des enfants vivants ou représentés dudit ascendant.

Il n'est plus tenu compte de la cote des ascendants lorsque l'assujetti a trente ans révolus et qu'il a un domicile distinct de celui de ses ascendants. Il n'en est pas tenu compte non plus lorsque l'ascendant est exonéré d'office de la contribution personnelle-mobilière, dans les conditions prévues par la loi du 8 août 1890, comme père ou mère de 7 enfants vivants, mineurs légitimes ou reconnus.

La taxe fixe n'est pas due pour les hommes exemptés pour des infirmités entraînant l'incapacité absolue de travail.

La taxe fixe et la taxe proportionnelle sont réduites à proportion du temps pendant lequel l'assujetti n'a pas bénéficié de l'exonération établie à son profit dans le service de l'armée active. La réduction est d'un *trente-sixième* pour chaque mois complet de service accompli par l'assujetti *dans l'armée active*, alors même que la durée de son service ne constituerait pas une période interrompue.

Il n'est pas fait état de tout service accompli à titre d'exercices ou manœuvres et de tout service accompli en temps de paix au titre de la réserve de l'armée active et de l'armée territoriale, sauf lorsque le Gouvernement a maintenu provisoirement sous les drapeaux (loi du 26 juin 1890) des hommes convoqués pour accomplir une période d'exercices.

La taxe militaire est due par l'assujetti ; toutefois elle est imposée au nom de celui de ses ascendants dont la cotisation a été prise pour élément de calcul de la taxe.

La taxe ainsi imposée au nom des ascendants est recouvrée sur eux, sauf leur recours contre l'assujetti.

Les contribuables imposables (ascendant et assujetti) qui quittent leur domicile antérieurement au 1er janvier, doivent faire à la mairie, avant le 15 février, une déclaration indiquant le lieu de leur nouvelle résidence. Une déclaration doit aussi être faite par l'ascendant lorsque l'assujetti pour lequel il est imposé change de domicile ou a 30 ans révolus.

A défaut de déclaration, la taxe peut être maintenue au rôle de l'année sur le pied de la cotisation antérieure.

Annualité de la taxe. — La taxe est établie au 1er janvier *pour l'année entière.*

En cas de décès du contribuable, les héritiers sont tenus au payement de la taxe ou de la portion de taxe non encore acquittée.

Rôles complémentaires. — Sont imposables au moyen de rôles complémentaires, et pour l'année entière, les contribuables qui, passibles de la taxe militaire à raison de leur situation antérieure au 1er janvier, ne figurent pas aux rôles primitifs.

Payement de la taxe. — La taxe militaire imposée dans les rôles primitifs est payable en douze portions égales dont chacune est exigible le premier de chaque mois pour le mois précédent.

Pour le recouvrement des sommes dues en vertu de *rôles complémentaires* émis postérieurement au 1er mars, les douzièmes échus ne sont pas immédiatement exigibles ; le recouvrement en est fait par portions égales, en même temps que celui des douzièmes non échus.

En cas de déménagement du contribuable hors du ressort de la perception, comme en cas de vente volontaire ou forcée, la taxe militaire est immédiatement exigible pour l'année entière.

En cas de mobilisation, la perception de la taxe est suspendue, sauf pour les exemptés, les insoumis et les déserteurs. Les douzièmes échus et non payés ainsi que les douzièmes à échoir pendant la durée de la mobilisation sont alloués d'office en non-valeurs.

Prestations en nature pour les chemins ruraux.

Loi du 39 août 1881.

Prestations en nature pour les chemins vicinaux.

Loi du 21 mai 1836.

Tout habitant, chef de famille ou d'établissement, à titre de propriétaire, de régisseur, de fermier ou de colon partiaire, porté au rôle des contributions directes, peut être appelé à fournir, chaque année, une prestation :

1º Pour sa personne et pour chaque individu mâle, valide, âgé de 18 ans au moins et de 60 ans au plus, membre ou serviteur de la famille et résidant dans la commune.

2º Pour chacune des charrettes ou voitures attelées et, en outre, pour chacune des bêtes de somme, de trait, de selle, au service de la famille ou de l'établissement dans la commune.

Le maximum des journées de travail est fixé à *trois*.

Ne sont pas imposables : les bêtes de somme, de trait ou

de selle que leur âge ou toute autre cause ne permet pas d'assujettir au travail ; celles qui sont destinées à la consommation ou à la reproduction ; celles qui ne sont possédées que comme objet de commerce, à moins que le possesseur ne les utilise pour des travaux d'exploitation ou pour son service ; celles qui sont possédées en vertu de règlements du service militaire ou administratif.

Annualité de la taxe. — La taxe est due *pour l'année entière*, à raison des éléments de cotisation imposables au 1ᵉʳ *janvier*.

En cas de décès du contribuable, les héritiers sont tenus au payement de la taxe ou de la portion de taxe non encore acquittée.

Déclarations d'option. — Les contribuables doivent déclarer à la mairie, dans le délai *d'un mois*, à partir de la publication du rôle, s'ils entendent se libérer en nature.

La déclaration d'option est reçue par le maire et inscrite sur un registre spécial ; elle est constatée, soit par la signature d déclarant, soit par une croix apposée par le prestataire en présence de deux témoins, soit par l'annexion au registre du bulletin détaché de l'avertissement et envoyé au maire, après avoir été rempli, daté et signé par le contribuable.

Les contribuables ne peuvent plus exercer le droit d'option après l'expiration du délai d'un mois, et la prestation est exigible en argent.

Payement de la taxe. — La taxe des prestations peut être acquittée en nature ou en argent, au gré des contribuables (voir déclarations d'option).

Lorsque la taxe doit être acquittée en argent, elle est payable en douze portions égales dont chacune est exigible le 1ᵉʳ de chaque mois pour le mois précédent.

En cas de déménag...ment du contribuable hors du ressort de la perception, la taxe ou portion de taxe restant à acquitter est immédiatement exigible.

Vélocipèdes.

Loi du 28 avril 1893.

Chaque vélocipède ou appareil analogue est passible d'une taxe *annuelle* de dix francs, imposable au nom de son *possesseur*. Il est ajouté à cette taxe : 5 centimes par franc pour fonds de non-valeurs et 3 centimes par franc pour frais de perception.

La taxe exigible pour chaque vélocipède se décompose comme il suit :

Taxe annuelle en principal.	10	»
centimes (fonds de non-valeurs	»	50
pour (frais de perception.	»	32
et s'élève, au total, à	10	82
plus pour frais d'avertisssement.	»	05
Soit	10	87

La taxe est due pour les vélocipèdes possédés par les loueurs et destinés à la location.

Elle n'est pas établie :

Sur les vélocipèdes possédés par les marchands et exclusivement destinés à la vente ;

Sur les vélocipèdes possédés en conformité de règlements militaires ou administratifs.

Annualité de la taxe. — La taxe est due *pour l'année entière* à raison des vélocipèdes possédés *à la date du 1er janvier.*

En cas de décès du redevable, les héritiers sont tenus au payement de la taxe ou portion de taxe non encore acquittée.

Déclarations. — Les personnes redevables de la taxe doivent faire la déclaration des éléments imposables, à la mairie de la commune où les vélocipèdes séjournent le plus habituellement.

Les déclarations doivent être faites ou modifiées s'il y a lieu :

Pour les rôles primitifs : *le* 31 *janvier au plus tard* de chaque année.

Pour les rôles supplémentaires (voir ci-après) : dans les *trente jours* de la date des faits qui motivent l'imposition.

La déclaration est faite par les personnes imposables ou par leur mandataire sur des formules déposées à la mairie ; elle est signée par le déclarant. Il en est délivré un récépissé mentionnant le nom du déclarant, la date et le délai de la déclaration.

Les déclarations sont valables pour toute la durée des faits qui y ont donné lieu ; elles doivent être modifiées en cas de changement, soit dans les bases de la taxe, soit dans le lieu de son imposition.

Payement de la taxe. — La taxe sur les vélocipèdes est payable par portions égales en autant de termes qu'il reste de mois à courir à dater de la publication du rôle.

En cas de déménagement hors du ressort de la perception, la taxe ou portion de taxe restant à acquitter est immédiatement exigible.

Pénalités. — Les taxes sont *doublées* pour les vélocipèdes qui n'ont pas été déclarés ou qui ont fait l'objet de déclarations tardives.

Personnes redevables de la taxe. — La taxe est imposable au nom des possesseurs des vélocipèdes.

Toutefois lorsque des vélocipèdes sont possédés par des personnes majeures ou mineures ne jouissant pas de leurs droits, au sens de la loi du 21 avril 1832 relative à la contribution personnelle-mobilière, les père, mère, tuteur ou curateur de ces personnes leur sont substitués pour les obligations et les charges résultant de l'article qui précède et de celui qui suit (*imposition et déclaration*).

La taxe est imposée en leur nom et recouvrée sur eux.

Rôles supplémentaires. — Les contribuables qui, *dans le cours de l'année*, deviennent possesseurs de vélocipèdes imposables doivent la taxe *à partir du* 1er *du mois* dans lequel ce fait s'est produit et sans qu'il y ait lieu de tenir compte des taxes imposées au nom des précédents possesseurs.

Sont imposables par voie de rôles supplémentaires les éléments d'imposition omis aux rôles primitifs ; mais les droits ne sont dus qu'à partir du *1er janvier* de l'année pour laquelle les rôles supplémentaires *ont été émis.*

Il existe d'autres taxes assimilées, notamment :

Centimes additionnels aux contributions arabes, part des chefs indigènes, frais de visite des vignobles, etc. (Décrets des 23 décembre 1874, 27 juillet 1875. Lois des 3 août 1875, 26 juillet 1873, 28 avril 1887, 23 décembre 1884, 28 juillet 1886. Ordonnance du 17 janvier 1884.)

Droit de vérification des alcoomètres. (Lois des 7 juillet 1881, 1882, 28 juillet 1883. Décret du 27 décembre 1884.)

Droits d'épreuve des appareils à vapeur. (Loi du 18 juillet 1892.) 10 fr. par chaudière et 5 fr. par récipient à vapeur.

Droits de vérification des poids et mesures. (Décret du 26 février 1873. Loi du 5 août 1874.)

Droits de visite chez les pharmaciens, droguistes et épiciers. (Loi du 21 germinal an XI. Arr. du Gouv. 25 thermidor XI. Décret du 23 mars 1859. Loi du 31 juillet 1867.)

Droits d'inspection sur les fabriques d'eaux minérales artificielles et les dépôts d'eaux minérales naturelles ou artificielles. (Lois des 25 juin 1841, art. 30, 19 juillet 1876. Décret du 9 mai 1887.)

Frais de travaux intéressant la salubrité publique. (Loi du 16 septembre 1807.)

Honoraires et frais de déplacement dus aux ingénieurs et agents des ponts et chaussées et des mines pour leur intervention dans les affaires d'intérêt communal ou privé. (Décrets des 13 octobre 1851, 10 et 27 mai 1854.)

Redevances des mines. (Loi du 21 avril 1810, décr. du 6 mai 1811, 11 février 1874.)

Taxe pour l'entretien, la réparation et la reconstruction des canaux et rivières non navigables et des ouvrages d'art qui y correspondent. (Loi du 14 flor. an XI.)

Taxe pour la surveillance, la conservation et la réparation des digues, taxes sur les travaux de desséchement et taxes d'affouage. (Lois des 16 septembre 1807, 14 floréal an XI, 21 juin 1865, 5 avril 1884.)

Taxe municipale de balayage des voies de communication de Paris. (Loi du 26 mars 1873.)

Taxe des frais de pavage des rues dans les villes où l'usage met ces frais à la charge des propriétaires riverains. (Loi du 11 frimaire an VII et décret du 25 mars 1807. Loi du 25 juin 1841.)

Taxes au profit des associations syndicales autorisées par la loi du 21 juin 1865.

Taxes d'arrosage autorisées par le Gouvernement (Loi du 23 juin 1857, art. 25.)

Taxes d'établissement de trottoirs dans les rues et places dont les plans d'alignement ont été arrêtés conformément aux dispositions de la loi du 7 juin 1845.

Taxes pour l'exécution des travaux destinés à mettre les villes à l'abri des inondations. (Loi du 28 mai 1858).

Taxes syndicales pour l'assèchement des mines. (Loi du 27 avril 1838.)

Taxes syndicales pour les chemins ruraux. (Loi du 20 août 1881.)

Les principales taxes communales sont : la taxe sur les chiens, les affouages, les prestations, etc

Vérification des feuilles de contributions dites avertissements.

Les 4 premiers chiffres résultant des opérations indiquées ci-après doivent être conformes aux nombres (*fr.* 2 premiers chiffres, *centimes* chiffres 3 et 4), portés dans la 2e colonne « montant des cotes. »

Foncière bâtie. — Multiplier le revenu net par le centime-le-franc.

Foncière non bâtie. — Multiplier le revenu cadastral par le centime-le-franc.

Mobilié e. — Multiplier le chiffre du loyer par le centime-le-franc (1).

Patentes. — Additionner les nombres du ou des droits fixes et du droit proportionnel, multiplier ensuite le total par le nombre de centimes additionnels au principal. Le résultat de ces opérations devra donner la somme portée dans la col. 1, en regard des centimes additionnels et cette dernière somme additionnée avec le total des droits fixes et proportionnels (plus 0 fr. 05 pour frais d'avertissement), sera le résultat figurant au bas des colonnes 2.

Personnelle. — Uniformément de 1 fr. 50 dans le département des Vosges.

Portes et fenêtres. — La vérification ne peut se faire que par comparaison avec les avertissements de différents contribuables d'une même commune.

---

(1) En ce qui concerne la ville d'Epinal :
Le loyer d'habitation est de 1/4 pour les locations dépassant 300 fr.
id.   1/5   id.   de 200 à 300 fr.
id.   1/6   id.   de 200 fr. et au-dessous

3ᵉ PARTIE

DES DIFFÉRENTES NATURES DE RÉCLAMATIONS

Délai, forme et formule de réclamations

DES DIFFÉRENTES NATURES DE RÉCLAMATIONS

Demandes en dégrèvement (décharge ou réduction).

Le contribuable qui se croit surtaxé ou imposé à tort peut adresser à l'administration compétente une demande en dégrèvement (demande en *décharge*), s'il s'agit d'un dégrèvement total, demande en *réduction*, s'il s'agit d'un dégrèvement partiel. Le Conseil de Préfecture, aux termes de l'article 4, § 4 de la loi du 28 pluviôse an VIII, est appelé à statuer sur ces demandes.

Demandes en exemption temporaire.

Tout ou partie de l'impôt foncier peut être réclamé pour semis ou plantation de bois et pour replantation de vignes dans les arrondissements déclarés atteints par le phylloxéra.

La réclamation sera formée dès l'année qui suivra celle de l'exécution des travaux et dans les trois mois de la publication du rôle. Elle sera présentée, instruite et jugée comme les demandes en décharge ou en réduction concernant la contribution foncière des propriétés non bâties. (Loi du 17 juillet 1895, art. 15, abrogative des dispositions des art 118 et suivants de la loi du 3 frimaire an VII) (1).

---

(1) Consulter Bulletin-Commentaire des Lois nouvelles, n° de décembre 1895, notre Commentaire de la loi du 17 juillet 1895. Roy, éditeur, 97, boulevard St-Michel, Paris.

Demandes en inscription au rôle.

Tout contribuable omis sur les rôles peut réclamer son inscription par la voie contentieuse (loi du 21 avril 1832). Cette demande est soumise aux mêmes règles que la demande en dégrèvement : elle peut avoir un sérieux intérêt pour le commerçant qui désire être porté au rôle des patentes en vue d'élections consulaires (loi du 8 décembre 1833, art. 1), ainsi que pour tout citoyen qui pose sa candidature aux élections cantonales ou municipales. (Lois du 10 août 1871, art. 6, du 22 juin 1833, du 5 avril 1884.)

Demandes en modérations et remises.

Modération ou remise signifie abandon à un contribuable d'une partie de ses impôts.

En ce qui concerne les taxes communales, les demandes en remise doivent être adressées aux conseils municipaux intéressés.

Dans le cas de perte totale ou partielle du revenu des propriétés non bâties, par suite d'événements extraordinaires, tels que grêle, gelée, inondation, incendie, etc., les propriétaires sont recevables à demander la remise ou la modération de leurs impôts de l'année.

Ils peuvent exceptionnellement renouveler ces demandes si l'événement survenu a étendu ses effets à l'année ou aux années suivantes.

Lorsque les pertes provenant des événements ci-dessus mentionnés ont frappé une partie notable de la commune, la demande peut être présentée par le maire dans l'intérêt de ses administrés.

Le maire peut aussi réclamer au nom des habitants s'il s'agit d'un incendie ou de tout autre sinistre ayant atteint un certain nombre de propriétés bâties.

Les contribuables sont admis à se pourvoir *individuellement* en modération, en cas d'incendie, de démolition ou de construction de leurs maisons ou usines dans le courant de l'année.

Ils peuvent aussi se pourvoir en remise, lorsqu'ils ont éprouvé une perte de revenu par suite de vacance de maisons ou de chômage d'usines si la perte subie a été *indépendante de leur volonté.*

Le dégrèvement ne peut être accordé sur la contribution foncière que si l'inoccupation des maisons a été d'une année au moins et le chômage des usines d'au moins un trimestre.

Pour la contribution des portes et fenêtres, il suffit que la vacance ou le chômage ait été d'un trimestre.

Les dégrèvements se calculent ensuite par mois entier de vacance ou de chômage sans pouvoir cependant s'étendre à plus de douze mois en deçà des quinze jours ayant précédé la réclamation.

Les contribuables sont aussi admis à solliciter le dégrèvement, à titre gracieux, de tout ou partie de leur cotisation pour cause de gêne ou d'indigence.

Demande en mutation de cote.

Lorsqu'une maison a été cotisée aux seules contributions *foncière* et des *portes et fenêtres* sous un nom autre que celui du véritable propriétaire, ce dernier ou l'imposé peut réclamer la « mutation de cote ». Comme cette demande doit produire ses effets à l'égard de l'ancien et du nouveau propriétaire, celui qui n'en a pas pris l'initiative sera mis en cause devant le Conseil de préfecture; en cas de contestation touchant la question de propriété, il est sursis à statuer jusqu'à ce que les tribunaux judiciaires aient jugé cette question.

Demande en transfert de patente.

Les lois du 25 avril 1844 et du 15 juillet 1880 autorisent le patentable qui a vendu son établissement et celui qui lui a succédé à demander le transfert de la patente au nom du cessionnaire (Voir patente *cession d'établissement,* page 16).

Délai de réclamation.

Les demandes en décharge ou en réduction et les demandes en mutation de cote doivent être présentées dans les 3 mois de la publication des rôles.

Lorsqu'il s'agit de cotes imposées par faux ou double emploi, le délai de réclamation ne prend fin que 3 mois après le jour où l'imposé a eu connaissance officielle des premières poursuites avec frais dirigées contre lui.

Dans le cas de paiement non précédé de poursuites, la demande est recevable pendant trois mois à partir du paiement, s'il s'agit d'un faux emploi, et du dernier des deux paiements, s'il s'agit d'un double emploi.

Les déclarations à fin de décharge ou de réduction faites dans les mairies doivent être reçues dans le mois qui suit la publication des rôles. Lorsqu'elles sont écartées, les intéressés sont avisés qu'ils ont un délai d'un mois, à partir de la notification, pour présenter une réclamation dans la forme ordinaire, sans préjudice des délais généraux prévus par les lois des 21 avril 1832, 15 juillet 1880 et 29 décembre 1884.

Les déclarations à fin d'exemption temporaire pour plantation ou replantation de vignes doivent être faites dans les trois mois de la publication du rôle de l'année à partir de laquelle l'exemption est due au déclarant. Passé ce délai, elles ne donnent droit à l'exemption que pour les années suivantes. Si ces déclarations ne sont pas admises en tout ou en partie, un délai d'un mois à compter de la notification de la décision prise est accordé aux déclarants pour réclamer dans la forme ordinaire.

Lorsque les rôles de la taxe des prestations sont publiés avant le 1er janvier, le délai de réclamation ne court néanmoins que de cette date.

Les demandes en transfert de patente doivent être produites dans les 3 mois, soit de la cession de l'établissement, soit de la publication du rôle supplémentaire dans lequel le cessionnaire a été compris.

Le transfert de la taxe sur les billards doit être réclamé dans les trois mois de la cession.

Lorsqu'un établissement a été fermé par suite de décès, de liquidation judiciaire ou de faillite déclarée, la réclamation doit être présentée dans les 3 mois ayant suivi la fermeture définitive de l'établissement.

Les demandes en remise ou en modération, individuelles ou collectives, pour pertes résultant d'événements extraordinaires, doivent être produites dans les quinze jours qui suivent ces événements. S'il s'agit de pertes de récoltes, elles doivent être présentées, au plus tard, quinze jours avant l'époque habituelle de l'enlèvement des récoltes.

Les demandes en dégrèvement pour cause de démolition en cours d'année doivent être reçues dans les 15 jours de l'achèvement de la démolition.

Les réclamations pour vacance de maisons ou pour chômage d'usines doivent être produites dans les 15 jours ayant suivi, soit la cessation de la vacance ou du chômage, soit l'expiration de l'année ou du trimestre d'inoccupation.

Les délais mentionnés ci-dessus sont de rigueur. Il n'appartient qu'au Ministre de relever de la déchéance les demandes reçues après l'expiration de ces délais.

Les demandes en remise pour cause de gêne ou d'indigence peuvent être formées à toute époque.

Forme de réclamations.

Toute demande en décharge ou réduction doit être rédigée sur papier timbré si elle a pour objet une côte de trente francs et au-dessus.

Les demandes en dégrèvement pour vacance de maisons ou chômage d'usines sont passibles du timbre quand la cote dont il s'agit est supérieure à trente francs.

Sont exemptes du timbre :

Les réclamations dont la cote est inférieure à trente francs.

Les demandes relatives à la taxe des prestations, quelqu'en soit le chiffre.

Les déclarations à fin de décharge ou de réduction, faites sur les registres spéciaux des mairies.

Les demandes en dégrèvement pour vacance de maisons ou chômage d'usines quand il s'agit de cotes inférieures à trente francs.

Les demandes motivées soit par des pertes de récoltes ou autres évènements extraordinaires, soit par la situation gênée ou malheureuse des imposés.

Les demandes collectives des maires pour pertes de revenus.

Chaque demande en décharge ou réduction, en remise ou modération pour vacance d'immeubles ou chômage d'usines doit être accompagnée de la quittance des termes échus et dans l'intérêt des réclamants, de l'avertissement délivré ou d'un extrait de rôle.

Nul n'est admis à réclamer pour autrui s'il ne justifie de sa qualité par la production, soit d'un acte authentique, soit d'un mandat régulier. Ce mandat doit être timbré et enregistré, quel que soit le chiffre de la cote.

Les réclamations de toute nature sont adressées, *en une seule expédition*, au préfet pour l'arrondissement chef-lieu et aux sous-préfets pour les autres arrondissements.

FORMULE UNIQUE DE RÉCLAMATION

A   le   189

Monsieur le | Préfet ou | Voir page
             | Sous-Préfet | 47

Le soussigné (1)

demeurant à (2)   imposé dans la commune d (3)

au rôle de la contribution (4)   de

l'année (5)   sous l'article (6)   a l'honneur

de vous faire connaître que (7)

Il vous prie, en conséquence, de vouloir bien lui accorder

(8)   de la somme de (9)

Il est, avec respect, Monsieur le Préfet, votre très obéissant

serviteur.

(Signature).

---

(1) Nom, prénoms et profession.
(2) Domicile.
(3) Désignation de la commune ou dans la dite commune.
(4) Indiquer la contribution ou la taxe.
(5) Indiquer l'année.
(6) Numéro de l'article porté sur l'avertissement.
(7) Motif de la réclamation.
(8) Décharge, réduction, modération ou remise. Voir indications aux pages 42 et 43.
(9) Indiquer la somme ou mettre de cette contribution de cette taxe.

NOTA. — En ce qui concerne les réclamations pour vacance de maisons ou chômage d'usines, ajouter après le mot que (7) malgré la publicité faite pour louer les locaux vacants, sa maison (ou le premier, le 2ᵉ ou 3ᵉ étage de sa maison sise à   ) est ou sont restés inoccupés du   au   Il vous prie, en conséquence, de vouloir bien lui accorder remise des contributions foncières et des portes et fenêtres (ou de la contribution des portes et fenêtres ou de la contribution foncière) pour le temps écoulé depuis la vacance de son ou de ses immeubles.

4ᵉ PARTIE

INSTRUCTION ET JUGEMENT DES RÉCLAMATIONS

Notification des décisions.
Pourvois au Conseil d'État.

Instruction des réclamations

Les réclamations sont enregistrées dans les bureaux de la Préfecture à la date même de leur réception et transmises sans délai au directeur des Contributions directes qui, après avis du contrôleur, du maire et des répartiteurs (1), s'il y a lieu, fait un rapport dès que l'instruction lui paraît complète.

Si le Directeur conclut à l'admission pure et simple de la demande, il envoie immédiatement le dossier au Conseil de Préfecture. S'il propose, au contraire, soit de la rejeter ou de ne l'accueillir qu'en partie, il transmet (en ce qui concerne *seulement* les demandes en décharge, réduction, mutation de cote et transfert de patente) le dossier au préfet ou au sous-préfet pour dépôt (2) et notifie ce dépôt au réclamant ou à son mandataire par la lettre d'avis ci-après adressée aux maires des communes où résident les pétitionnaires.

---

(1) Le maire seul donne son avis sur les réclamations concernant la contribution des patentes, de la taxe militaire et sur toutes les demandes en remise ou modération.

(2) Les demandes en remise ou modération ne sont pas soumises à la formalité du dépôt.

4

DÉPARTEMENT

, le   189 .

M

J'ai l'honneur de vous informer que le dossier
relatif à la réclamation que vous avez présentée
à l'effet d'obtenir une

de votre cote   pour 189 , a
été déposé le   à la   Préfecture avec un rapport concluant
de votre demande d'après les motifs
ci-après :

(MOTIFS)

Conformément à l'article 29 de la loi du 21 avril
1832, il vous est accordé *dix jours*, à partir de
la réception de la présente lettre, pour prendre
connaissance du dossier et fournir des observations, si vous le jugez à propos.

Si vous entendiez recourir à l'expertise, vous
auriez à le faire connaître dans le même délai.
Aux termes de l'article 16 de la loi du 17 juillet
1895, l'expertise serait faite par *trois experts*, à
moins que les parties (c'est-à-dire vous et l'Administration) ne consentissent qu'il y fût procédé *par un seul*. Dans ce dernier cas, l'expert
serait nommé par le Conseil de Préfecture. Si
l'expertise était confiée à trois experts, l'un d'eux
serait nommé par le Conseil, et chacune des
parties désignerait son expert.

Dans le cas où vous demanderiez l'expertise,
il vous appartiendrait donc d'indiquer si vous
préférez qu'elle soit confiée à un seul expert ou à
trois experts : dans cette dernière hypothèse,
vous auriez, en outre, à désigner l'expert de
votre choix.

Je crois devoir vous prévenir que, d'après les
dispositions du même article 16 de la loi du
17 juillet 1895, « les frais d'expertise sont supportés par la partie qui succombe. Ils peuvent,
en raison des circonstances de l'affaire, être com-
pensés en tout ou en partie. »

Je vous informe en outre que, si vous vouliez
présenter des observations orales à la séance
publique du Conseil de Préfecture où l'affaire
qui vous concerne sera portée pour être jugée,
vous auriez à faire connaître votre intention à
ce sujet, soit pendant le délai de dix jours ci-
dessus indiqué, soit, du moins, antérieurement
à la fixation du rôle de cette séance (Loi du
22 juillet 1889, art. 41)

Recevez, Monsieur, l'assurance de ma parfaite
considération.

Le Directeur des Contributions directes,

C'est pendant le délai du dépôt que les réclamants doivent faire connaître leur intention de recourir à la vérification par voie d'experts et indiquer s'ils désirent présenter des observations orales à la séance du Conseil de préfecture à laquelle leur affaire sera appelée pour être jugée. (Voir avis de dépôt de dossier, page 50.)

Les observations produites par les réclamants eux-mêmes sont exemptes des droits de timbre et d'enregistrement ; mais les mémoires qu'ils font présenter, en leur nom, par des agents d'affaires ou autres mandataires doivent être timbrés et enregistrés. L'enregistrement est toutefois gratuit, s'il s'agit de cotes n'excédant pas 100 fr.

Les demandes individuelles en remise ou en modération sont envoyées pour décision au Préfet dès que l'instruction est complète.

Expertise. — L'expertise peut être demandée, quel que soit l'objet du litige.

Si les parties en cause sont d'accord, un seul expert est nommé par le Conseil de préfecture. Dans le cas contraire, cette juridiction ordonne qu'il sera désigné trois experts, l'un par le Conseil, les deux autres par chacune des parties. (L'administration et le réclamant) (1). Voir avis de dépôt du dossier page 50.

Les experts ne sont pas tenus de prêter serment.

L'expertise a lieu au jour et à l'heure fixés ; les réclamants (qui doivent être prévenus par l'administration) ont le droit d'y assister ou de s'y faire représenter par un fondé de pouvoirs.

Dès qu'il a reçu les pièces de l'expertise, le Directeur fait son rapport et le transmet au Conseil de préfecture.

Les rapports fournis par les experts doivent être timbrés et

---

(1) Le législateur, en supprimant la tierce *expertise*, a entendu appliquer (sauf quelques légères modifications) aux contestations relatives aux contributions directes les règles posées dans la loi du 22 juillet 1889 sur la procédure à suivre devant les Conseils de préfecture.

enregistrés. Ces rapports sont toutefois enregistrés gratis s'il s'agit de cotes n'excédant pas 100 francs.

Frais d'expertise. — Les frais d'expertise sont supportés par la partie qui succombe.

A moins de circonstances particulières, le réclamant doit être considéré comme succombant à l'instance, s'il n'obtient pas un dégrèvement plus élevé que celui qui lui avait été offert avant l'expertise.

Le Conssil de préfecture attribue ou compense entre les parties les dépens qui ne peuvent comprendre que les frais de timbre et d'enregistrement avancés par les experts, ainsi que leurs honoraires et leurs menues dépenses (ports de lettres, frais divers, etc.)

La liquidation et la taxe des dépens sont faites par le président du Conseil de préfecture, mais les experts ou les parties peuvent, dans les trois jours de la notification, attaquer ce règlement devant le Conseil de préfecture.

La liquidation des dépens peut aussi être faite par l'arrêté qui statue sur le litige et qui attribue les dépens et les compense entre les parties.

Enfin, si l'état des dépens n'a pu être soumis au Conseil de préfecture, la liquidation en est faite par le président.

Les parties peuvent former opposition à cette décision devant le Conseil, dans les huit jours de la notification.

Il est alloué à chaque expert, par vacation de trois heures : s'il est domicilié dans le département de la Seine ou dans une ville de plus de 100,000 habitants, 8 francs ; s'il est domicilié dans une ville de plus de 30,000 habitants, 7 francs ; ailleurs, 6 francs.

Il ne peut être taxé aux experts plus de 3 vacations par jour à la résidence et de quatre hors de la résidence. Ils ont droit, en outre, à une vacation pour dépôt de leur rapport.

Il est alloué aux experts pour frais de transport :

En chemin de fer 20 centimes par kilomètre.

Sur les routes ordinaires, 40 centimes par kilomètre.

La première taxe est applicable de droit, quand le parcours est desservi par une voie ferrée.

Le parcours effectué en dehors des limites du département n'entre pas en compte.

Les frais avancés sont remboursés sur état aux experts qui ne peuvent rien réclamer pour s'être fait aider par des copistes, dessinateurs, toiseurs, porte-chaines, etc.

Le Président du Conseil de préfecture réduit les frais de taxe s'ils lui paraissent exagérés.

Les frais mis à la charge des réclamants sont recouvrés sur eux par le percepteur, auquel les arrêtés de règlement sont notifiés par la préfecture.

A défaut de paiement dans le délai d'un mois, ils donnent lieu aux mêmes poursuites que les cotes auxquelles ils se rapportent.

Jugement des réclamations. — Lorsqu'une demande en décharge ou en réduction n'a pas été jugée dans les 3 mois de sa présentation, le réclamant peut, jusqu'à la décision, surseoir au paiement des termes de sa cote échus après ces 3 mois.

En ce qui concerne les réclamations de la compétence du Conseil de Préfecture, les parties qui ont demandé à présenter des observations orales doivent être convoquées au moins 4 jours avant la séance. Au cas de constitution d'un mandataire ou défenseur résidant dans le département, c'est à ce dernier que la convocation doit être adressée.

Notification des décisions. — Aussitôt que le Conseil de Préfecture ou le Préfet a statué, les dossiers, accompagnés des arrêtés, sont renvoyés au directeur qui rédige les lettres d'avis ci-après pour notifier aux intéressés les décisions rendues sur leurs réclamations :

LETTRE D'AVIS DE MAINTENUE DE TAXE

Direction générale
des
Contributions directes

DÉPARTEMENT
d

COMMUNE
d

CONTRIBUTION

Art.   du rôle.

An 189 .

N°
du registre de la
. direction.

le .   189 .

M

J'ai l'honneur de vous donner connaissance de la décision rendue par le Conseil de Préfecture sur la pétition que vous avez présentée.

Le Conseil, après avoir examiné cette pétition, ainsi que les avis du Maire, des Répartiteurs, du Contrôleur et du Directeur des Contributions directes, a considéré que

Le Conseil a, en conséquence, décidé le que votre cote devait être maintenue.

Si vous entendiez vous pourvoir contre cette décision devant le Conseil d'Etat, votre requête devrait être présentée, dans un délai de deux mois, à partir de la réception du présent avis, et pourrait être déposée, sans frais et sans l'intermédiaire d'un avocat du Conseil d'Etat, soit à la Préfecture ou à la Sous-Préfecture.

Vous y joindriez la présente lettre ou, si vous le préfériez, une copie de la décision et des rapports sur lesquels elle est intervenue. Cette copie vous serait délivrée moyennant 75 centimes par rôle pour frais d'expédition, non compris le papier timbré, conformément à l'article 28 de la loi du 2 messidor an VII.

Les requêtes doivent être rédigées sur papier timbré, à moins qu'elles n'aient pour objet une cote au-dessous de 30 francs. Toutefois, en ce qui concerne la taxe des prestations, elles peuvent être produites sur papier libre, quel que soit le chiffre de la cote. (Loi du 22 juillet 1889, art. 61).

Je vous renvoie les pièces qui accompagnaient votre réclamation. En cas de pourvoi, vous les joindriez aussi à votre requête, afin qu'elles puissent être mises avec les autres pièces du dossier sous les yeux du Conseil d'Etat.

Le Directeur des Contributions directes,

COMMUNE

d

—

REMISE

et modération

—

AVIS

de maintenue de taxe

—

CONTRIBUTION

—

an 189 .

—

N°

, le   18

M

J'ai l'honneur de vous donner connaissance de la décision rendue par le Préfet sur la pétition que vous avez présentée le   18 .

Le Préfet, après avoir examiné cette pétition, ainsi que les avis du Maire, du Contrôleur des contributions directes et du Directeur, a considéré que

et a décidé, le   189 , que votre cote, portée dans le rôle de la contribution   de l'an 189 . article   , devait être maintenue.

Je joins ici les pièces qui accompagnaient votre pétition.

J'ai l'honneur de vous saluer.

NOTA

M. le Maire est prié de vouloir bien faire parvenir à son adresse la présente lettre ainsi que les pièces qui l'accompagnent.

M.

Le Directeur des Contributions directes,

à

DÉPARTEMENT

, le 189

ARRONDISSEMENT
de

COMMUNE
d

AVIS DE DIVISION
ou de
MUTATION DE COTE

N°

M

J'ai l'honneur de vous donner connaissance de la décision rendue par le
sur la pétition
à l'effet d'obtenir la
de la cote qui   dans le
rôle de la commune d   pour
l'exercice 189
Le   , après avoir examiné cette pétition, ainsi que les avis du Maire et des Répartiteurs, du Contrôleur des Contributions directes et du Directeur, a considéré que

et a décidé que la cote ouverte au rôle sous le nom du sieur
sera acquittée comme suit : savoir :

J'ai l'honneur de vous saluer,

Le Directeur des Contributions directes,

M

CONTRIBUTION — 189

Anciennes bases de cotisation

Nouvelles bases de cotisation telles qu'elles résultent de la décision du

Savoir : au nom de

Lettre d'avis aux parties intéressées
dans le cas de transfert de patente

DÉPARTEMENT

ARRONDISSEMENT
d

COMMUNE
d

AVIS
DE TRANSFERT
de patente

An 189 .

N°
DU REGISTRE
de la Direction

, le   189

Monsieur,

J'ai l'honneur de vous donner connaissance de la décision rendue par M. le Préfet sur la pétition   à l'effet d'obtenir le transfert de la cote qui

dans le rôle de la commune d
pour l'exercice 189 .

M. le Préfet, après avoir examiné cette pétition, ainsi que les avis du maire, du contrôleur des Contributions directes et du directeur, a considéré que

et par arrêté du
a décidé que la cote ouverte au rôle sous le nom du sieur
pour la somme de
sera acquittée de la manière suivante :
Par le sieur
Par le sieur

                    Total égal.

CONTRIBUTIONS des PATENTES	

Les recours contre les décisions rendues par M. le Préfet, sur les demandes en transfert de patente, doivent être formés devant le Conseil de Préfecture. — Ils doivent être rédigés sur papier timbré, s'ils ont pour objet une cote de 30 francs et au-dessus, et introduits dans un délai de trois mois à partir de la notification des décisions; il y a lieu d'y joindre la présente lettre d'avis.

Si le recours est introduit par celui qui a demandé le transfert, le requérant doit y joindre également les pièces qui accompagnaient sa demande primitive et qui lui sont renvoyées avec le présent avis.

J'ai l'honneur de vous saluer.

Le Directeur des Contributions directes

A Monsieur   demeurant à

Pourvois devant le Conseil d'Etat. — Les arrêtés (1) des Conseils de préfecture peuvent être attaqués devant le Conseil d'Etat dans le délai de *deux mois* à dater de la notification lorsqu'ils sont contradictoires (2) et à dater du délai d'opposition quand ils ont été rendus par défaut (3). Ce délai est augmenté de deux mois si le requérant est domicilié hors de la France continentale. Le délai d'opposition à un arrêté rendu par défaut est d'un mois à partir de la notification (4).

La jurisprudence du Conseil d'Etat admet que le délai de pourvoi est *franc* c'est-à-dire que le jour de la notification et le jour de l'échéance ne sont pas comptés.

Le pourvoi devant le Conseil d'Etat n'a pas d'effet suspensif; en conséquence, les poursuites commencées contre un contribuable ne sont pas arrêtées par le fait de son pourvoi.

Les pourvois sont rédigés sur papier timbré à moins qu'ils n'aient pour objet des cotes inférieures à *trente francs*.

Pour les prestations, ils peuvent être présentés sur papier libre quel que soit le montant de la cote.

Ils doivent contenir un exposé sommaire des faits et des moyens et les conclusions de la partie. Ils sont accompagnés soit d'une expédition sur timbre de l'arrêté attaqué, soit de la lettre de notification adressée au requérant (5).

La loi du 22 juillet 1889 (art. 57 à 61), indique les conditions dans lesquelles est déposé le pourvoi. La loi du 21 avril

---

(1) Un arrêté *préparatoire*, c'est-à-dire une décision rendue pour l'instruction de l'affaire et qui tend à la mettre en état de recevoir jugement définitif (art. 452 du Code de Procédure civile. Loi du 22 juillet 1889 art. 60) ne peut être attaqué que conjointement avec l'arrêté *définitif*. Un arrêté *interlocutoire*, c'est-à-dire une décision ordonnant, avant dire droit, une preuve, une vérification ou instruction qui préjuge le fond, peut être attaqué aussitôt après sa notification.

(2) Un arrêté est *contradictoirement* rendu lorsque la partie a présenté par écrit ses moyens de défense.

(3) Un arrêté est rendu par défaut quand la partie régulièrement mise en demeure n'a pas présenté par écrit ses moyens de défense.

(4) Le Ministre des Finances peut se pourvoir au nom de l'Etat en ce qui touche les impôts ou taxes perçus au profit du Trésor.

Le maire, autorisé par le Conseil municipal, peut se pourvoir s'il s'agit d'impôts ou taxes perçus au profit de sa commune.

(5) Voir l'instruction générale du 30 janvier 1892 sur les réclamations en matière de contributions directes.

1832 exigeait que la requête fût déposée à la Préfecture, d'après la nouvelle législation, cette formalité peut être effectuée sans frais et sans l'intervention d'un avocat (1) au Conseil d'Etat, à la Sous-Préfecture, à la Préfecture ou au Secrétariat général du Conseil d'Etat.

Un récépissé du dépôt de la requête est délivré aux parties qui le demandent.

En principe, les pourvois en matière de contributions directes ne sont pas soumis à la double procédure des affaires contentieuses ordinaires (section du Contentieux et assemblée du Conseil d'Etat statuant au Contentieux).

La section qui est saisie de ces recours statue directement sur le rapport présenté par le *rapporteur* et sur les conclusions du Commissaire du gouvernement, même dans le où cas il y a constitution d'avocat.

Notification des arrêtés (2) rendus par le Conseil d'Etat est faite par les soins de l'administration supérieure au préfet chargé d'en assurer l'exécution et au directeur départemental.

---

(1) Les avocats au Conseil d'Etat et les mandataires munis d'un pouvoir dûment timbré et enregistré peuvent effectuer le dépôt du pourvoi aux lieu et place du contribuable.

(2) L'arrêt du Conseil d'Etat rendu par défaut peut être attaqué par voie d'opposition.

MATIÈRES CONTENUES DANS CHAQUE PARTIE

1re PARTIE

Définitions et notions générales.

2e PARTIE

Contributions directes.
Impôts de quotité.
Impôts de répartition.
Taxes assimilées.
Vérification des avertissements.

3e PARTIE

Délai, forme et formule de réclamations.
Différentes natures de réclamations.

4e PARTIE

Instruction et jugement des réclamations.
Notification des décisions.
Pourvois au Conseil d'Etat.

TABLE DES MATIÈRES

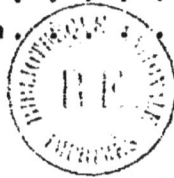

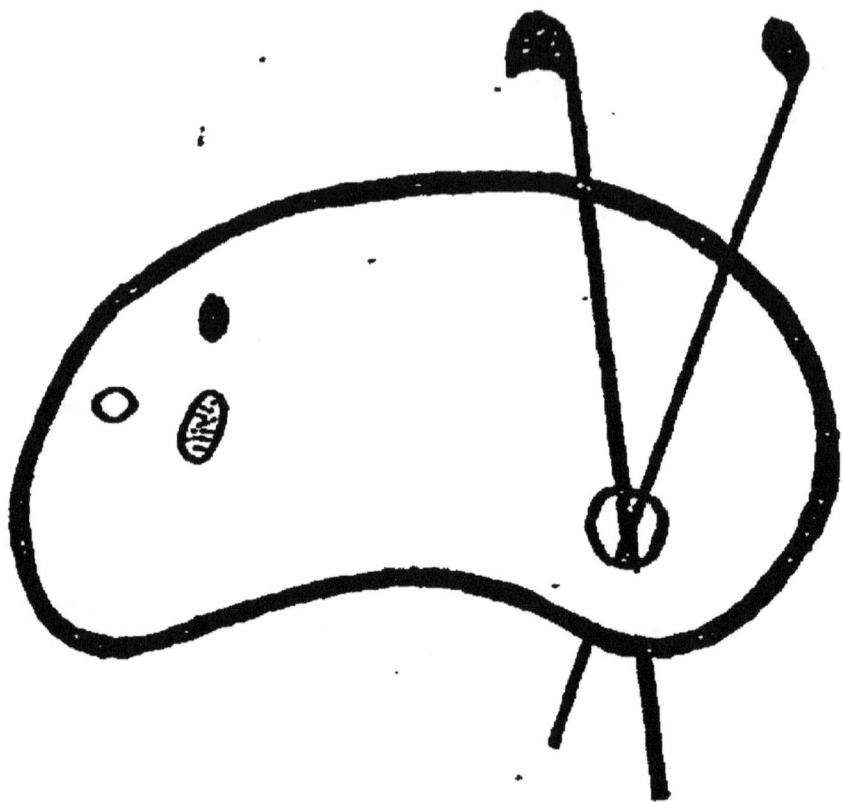

ORIGINAL EN COULEUR
NF Z 43-120-8

AVIS AUX CONTRIBUABLES

OBLIGATION

de faire à la mairie la déclaration des éléments imposables à certaines contributions directes ou taxes assimilées aux contributions directes

On rappelle aux contribuables :

1º Qu'aux termes des lois et règlements en vigueur, ils sont tenus, *sous peine d'aggravation de taxe*, de faire à la mairie la *déclaration* des objets imposables aux contributions et taxes ci-après désignées :

Contributions sur les voitures, chevaux, mules et mulets.
Taxe sur les chiens.
Taxes sur les billards publics et privés.
Taxe sur les cercles, sociétés et lieux de réunion.
Taxe sur les vélocipèdes

2º Que, pour jouir de l'exemption temporaire d'impôt foncier accordée par la loi du 8 août 1890 *aux constructions nouvelles, reconstructions et additions de construction,* les propriétaires intéressés doivent faire à la mairie de la commune où est élevé le bâtiment passible de la contribution, et *dans les quatre mois* à partir de l'ouverture des travaux, une déclaration indiquant la nature du bâtiment, sa destination et la désignation, d'après les documents cadastraux, du terrain sur lequel il est construit.

Les contribuables trouveront, sur les registres ou formules imprimées déposés à la mairie à l'effet de recevoir leurs déclarations, toutes les indications nécessaires pour les fixer exactement sur les obligations qui leur incombent.

Ils remarqueront notamment que les déclarations continuent d'avoir leur effet tant qu'elles n'ont pas été rapportées ou modifiées par eux : qu'en conséquence ils ne sont tenus de faire de *nouvelles* déclarations que dans le cas où il est survenu des changements susceptibles de faire augmenter ou diminuer leurs cotisations.

Ils devront d'ailleurs ne pas perdre de vue que les déclarations visées par le présent avis doivent être consignées sur les registres spécialement affectés *au service des contributions directes* et qu'il doit leur en être, séance tenante, délivré un récépissé.

En ce qui concerne la contribution sur les voitures, chevaux, mules et mulets et les constructions nouvelles, reconstructions, etc., les déclarations en vue de l'assiette de l'impôt ou de l'exemption temporaire de contribution doivent être faites par les intéressés, *nonobstant celles auxquelles ils seraient astreints pour les mêmes objets, soit au point de vue des réquisitions militaires, soit pour se conformer aux règlements de voirie.*

www.ingramcontent.com/pod-product-compliance
Lightning Source LLC
Chambersburg PA
CBHW070812210326
41520CB00011B/1926